A Kalmus Classic Edition

Nicolai
MIASKOWSKY

SONATA

In F Major
Opus 84

FOR PIANO

K 09545

Kalmus

СОНАТА
SONATA
I

(СВЕТЛЫЕ ОБРАЗЫ - СОНАТИНА)

N. MIASKOWSKY
Н. МЯСКОВСКИЙ
соч. 84 (1949 г.)

Плавно и непринужденно (Allegro non troppo)

BELWIN MILLS PUBLISHING CORP.

PRINTED IN U.S.A.

pp
p
rit.
pp
a tempo
p

mf
p
pp
p
pp
rit.

a tempo
p
pp
pp
p
pp
rit.

a tempo
p
mf
p

pp
p
pp
p
rit.
pp

II
(ПОВЕСТВОВАНИЕ)

В мерном движении (Andante sostenuto)

cresc.
Более напевно и горячо
(Più cantando e con anima)

mf
marcato il basso
cresc.
p
cresc.
f
p

cresc.
f
rit.
Начальное движение (Tempo I)
dim.
pp
p
pp cresc.
3
p

pp
cresc.
f
mf
rit.
p
pp

III

(НЕУДЕРЖИМОЕ СТРЕМЛЕНИЕ – РОНДО)

Очень быстро (Molto vivo)

mf
dim.
p
mf
pp
p
p

cresc.
f dim.
p
f
pp
mf
f

p
mf
mf
p dolce espress.
mf

p
f
mf
dim.
p
mf
pp

f
p
mf
p
mf

dolce espress.
dim.

mf
cresc.
sf
ff
f
dim.
pp

dim.
cresc.

Kalmus